小跳豆 Jumping Bean 幼兒生活體驗故事系列

我不偏食

U0111529

新雅文化事業有限公司

www.sunya.com.hk

小跳豆
幼兒生活體驗故事系列

跟着跳跳豆和糖糖豆一起經歷成長之旅！

　　幼兒在成長的過程中，必會遇到大大小小的難題。有些孩子害怕上學，有些孩子會嫉妒弟妹，有些孩子不懂得和別人相處……爸爸媽媽可以怎樣幫助孩子克服這些困難和不安感呢？

　　《小跳豆幼兒生活體驗故事系列》共 6 冊，透過跳跳豆和糖糖豆的日常生活經歷，帶領孩子學習面對不同的情況，例如在上學的第一天、交朋友、看醫生、迷路、添了小妹妹（或小弟弟）和出現偏食問題的時候，怎樣適當地處理和改善。

　　書後設有「親子小遊戲」，以有趣的形式幫助孩子學習處理各種難題的方法。「成長小貼士」提供一些實用性的建議予家長，告訴家長當孩子面對心理困擾時，可以怎樣從旁給予孩子引導和幫助，使孩子成為一個愉快、勇敢、自信的好孩子。

新雅•點讀樂園 升級功能

讓親子閱讀更有趣！

　　本系列屬「新雅點讀樂園」產品之一，若配備新雅點讀筆，爸媽和孩子可以使用全書的點讀和錄音功能，聆聽粵語朗讀故事、粵語講故事和普通話朗讀故事，亦能點選圖中的角色，聆聽對白，生動地演繹出每個故事，讓孩子隨着聲音，進入豐富多彩的故事世界，而且更可錄下爸媽和孩子的聲音來說故事，增添親子閱讀的趣味！

　　「新雅點讀樂園」產品包括語文學習類、親子故事和知識類等圖書，種類豐富，旨在透過聲音和互動功能帶動孩子學習，提升他們的學習動機與趣味！

想了解更多新雅的點讀產品，請瀏覽新雅網頁(www.sunya.com.hk)或掃描右邊的QR code進入 新雅•點讀樂園 。

如何使用新雅點讀筆閱讀故事？

1. 下載本故事系列的點讀筆檔案

1 瀏覽新雅網頁(www.sunya.com.hk) 或掃描右邊的QR code 進入 新雅•點讀樂園 。

2 點選 下載點讀筆檔案 ▶ 。

3 依照下載區的步驟說明，點選及下載《小跳豆幼兒生活體驗故事系列》的點讀筆檔案至電腦，並複製至新雅點讀筆的「BOOKS」資料夾內。

2. 啟動點讀功能

開啟點讀筆後，請點選封面右上角的 新雅•點讀樂園 圖示，然後便可翻開書本，點選書本上的故事文字或圖畫，點讀筆便會播放相應的內容。

3. 選擇語言

如想切換播放語言，請點選內頁右上角的 粵☆普 圖示，當再次點選內頁時，點讀筆便會使用所選的語言播放點選的內容。

4. 播放整個故事

如想播放整個故事，請直接點選以下圖示：

5. 製作獨一無二的點讀故事書

爸媽和孩子可以各自點選以下圖示，錄下自己的聲音來說故事！

1 先點選圖示上 爸媽錄音 或 孩子錄音 的位置，再點 OK，便可錄音。

2 完成錄音後，請再次點選 OK，停止錄音。

3 最後點選 ▶ 的位置，便可播放錄音了！

4 如想再次錄音，請重複以上步驟。注意每次只保留最後一次的錄音。

爸媽請使用
這個圖示錄音

孩子請使用
這個圖示錄音

跳跳豆最愛吃肉，
他不喜歡吃蔬菜，
也不喜歡吃水果。

晚飯後，
爸爸對跳跳豆説：
「跳跳豆，快過來吃水果吧！」
跳跳豆搖搖頭，
一點也不吃。

一天早上，
跳跳豆躲在洗手間，
很久也不出來。

媽媽說：
「跳跳豆，快出來吃早餐，
要上學了！」
跳跳豆按着肚子走出來，
告訴媽媽：
「我肚子很痛，
大便又下不來。」

媽媽讓跳跳豆
喝下兩大杯温開水，
又替他輕輕按摩肚子。
跳跳豆覺得舒服多了。

媽媽對跳跳豆說：
「你肉吃得多，
水果吃得少，
所以大便有困難。」

媽媽準備了豐富的早餐和水果，
但跳跳豆只愛吃香腸。
他一邊吃，一邊問媽媽：
「為什麼要吃水果？」

媽媽說：
「因為水果裏水分多，
還含有纖維，
所以，多吃水果
能夠幫助消化，
保持大便暢順。」

媽媽還告訴跳跳豆，
每一種食物都含有不同的營養。
我們的身體要吸收各種營養，
才會健康。

下午，
媽媽做了一盆蔬果沙拉。
跳跳豆吃了一口，
覺得味道很可口。
他吃呀，吃呀，
把一盆沙拉全都吃光了。

現在，
跳跳豆不用媽媽吩咐，
自己也會拿水果吃。

跳跳豆不再偏食了。
他愛吃肉，
也愛吃蔬菜和水果。
跳跳豆的身體也變得
健康強壯呢！

小朋友，你愛吃什麼呢？請把你愛吃的食物圈起來。你認為你有沒有偏食呢？為什麼？

肉

水果

蔬菜

魚

遇到孩子偏食，怎麼辦？

🫘 很多孩子都會有偏食問題，如果遇到孩子偏食，父母首先要跟孩子說明，每種食物所含的營養都不盡相同，因此我們每種食物都要吃，才能獲取各種營養，使身體健康和長得高。

🫘 對孩子不愛吃的食物，我們可以變化花樣，在烹調方法上下功夫，如注意顏色搭配、適當調味或改變形狀等，讓孩子有新鮮感，慢慢適應原來不愛吃的食物。

🫘 對孩子克服偏食的每一點進步，爸爸媽媽都應予以鼓勵，這樣孩子也會很樂意改變自己的飲食習慣。

小跳豆幼兒生活體驗故事系列
我不偏食

原著：辛亞

改編：新雅編輯室

繪圖：何宙樺

責任編輯：趙慧雅、楊明慧

美術設計：劉麗萍

出版：新雅文化事業有限公司

香港英皇道499號北角工業大廈18樓

電話：(852) 2138 7998

傳真：(852) 2597 4003

網址：http://www.sunya.com.hk

電郵：marketing@sunya.com.hk

發行：香港聯合書刊物流有限公司

香港荃灣德士古道220-248號荃灣工業中心16樓

電話：(852) 2150 2100

傳真：(852) 2407 3062

電郵：info@suplogistics.com.hk

印刷：中華商務彩色印刷有限公司

香港新界大埔汀麗路36號

版次：二○二一年七月初版

ISBN: 978-962-08-7738-4